Bernd Flessner

Peter Schilling

Stefan Lohr

Der kleine Major Tom

Außer Kontrolle!

Band 1: Völlig losgelöst

Band 2: Rückkehr zur Erde

Band 3: Die Mondmission

Band 4: Kometengefahr

Band 5: Gefährliche Reise zum Mars

Band 6: Abenteuer auf dem Mars

Band 7: Außer Kontrolle!

Band 8: Verloren im Regenwald

Band 9: Im Bann des Jupiters

Band 10: Im Sog des Schwarzen Lochs

Band 11: Wer rettet Ming und Hu?

Band 12: Plutinchen in Gefahr

Band 13: Die Wüste lebt

Band 14: Abenteuer im brennenden Eis

Band 15: SOS im Venusnebel

Band 16: Fehler im System

Band 17: Rettungsmission zum Pluto

Band 18: Geheimnis in der Tiefe

Weitere Abenteuer sind in Vorbereitung!

Bernd Flessner

Peter Schilling

Stefan Lohr

Außer Kontrolle!

In Zusammenarbeit mit

Deutsches Zentrum
DLR für Luft- und Raumfahrt

Ein besonderer Dank geht an
Herrn Dr. Volker Kratzenberg-Annies
für die fachliche Beratung seitens des DLR

TESSLOFF

FSC
www.fsc.org
MIX
Papier | Fördert gute Waldnutzung
FSC® C002795

4. Auflage 2023

Burgschmietstraße 2-4, 90419 Nürnberg

Text: Bernd Flessner
Cover- und Innenillustrationen: Stefan Lohr
Idee/Mitwirkung: Peter Schilling
Lizenz: MajorTon Entertainment KG
Major Tom und *Völlig losgelöst* sind Marken
der MajorTon Entertainment KG
Grafische Gestaltung, Layout: Barbara Heinlein, Uwe Herrlen
Lektorat: Anja Kunze
Redaktion: Silke Neubert, Hannah Fleßner

www.tessloff.com

ISBN: 978-3-7886-4007-1

Dieses Buch entstand in Zusammenarbeit mit dem
Deutschen Zentrum für Luft- und Raumfahrt (DLR),
das den Text auf fachliche Richtigkeit geprüft hat.

DLR Deutsches Zentrum für Luft- und Raumfahrt

Inhalt

Wie alles begann

Der kleine Major Tom lebt zusammen mit seinem Vater, dem großen Major Tom, auf der Raumstation Space Camp 1. Seine Mutter arbeitet auch für die Weltraumagentur, ist aber nicht mit auf der Raumstation.
Stella ist seine beste Freundin und ebenfalls an Bord. Ihre Eltern sind bei der Bodenkontrolle beschäftigt. Plutinchen ist eine Roboterkatze und die treue Gefährtin von Tom und Stella. Gemeinsam erforschen sie das Weltall, beobachten die Erde und züchten Pflanzen an Bord der Raumstation. Eines Tages muss der große Major Tom unerwartet zum Mars fliegen und dort mithelfen, die Marsstation weiter aufzubauen.

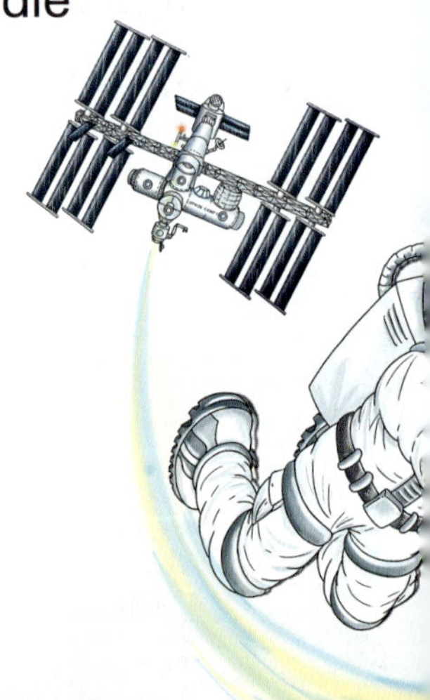

Tom, Stella und Plutinchen bleiben in der Raumstation zurück und sind nun ganz auf sich alleine gestellt.
Doch auch ohne ihre Eltern sind sie erfolgreiche und begeisterte Forscher. Gemeinsam meistern sie den Alltag auf der Raumstation, lösen Probleme und genießen zwischendurch den Ausblick auf ihren Heimatplaneten Erde. Auf den verschiedenen Missionen erleben sie ein Abenteuer nach dem anderen und lernen immer wieder Erstaunliches und Interessantes über die Erde und das Weltall. Dabei helfen sie sich gegenseitig und geben auch in brenzligen Situationen niemals auf.

Abschied vom Mars

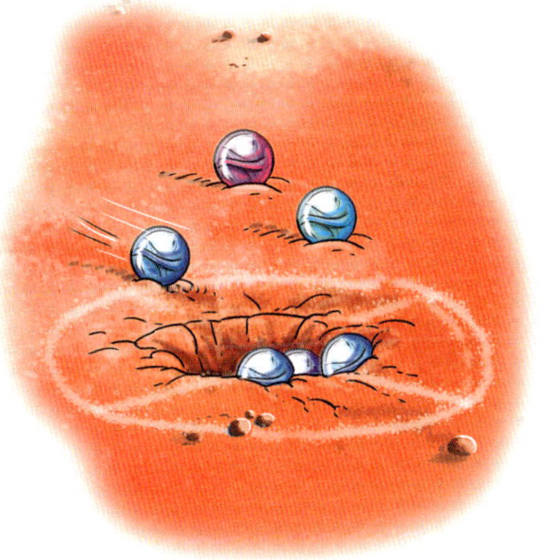

Langsam rollte eine dicke Glasmurmel über den sandigen Marsboden, ohne dabei tief einzusinken. Zunächst sah es so aus, als würde sie die kleine Vertiefung erreichen, in der schon mehrere Murmeln lagen. Doch wenige Zentimeter vor dem Ziel wurde die Murmel langsamer und blieb liegen.

„Pech“, sagte Stella enttäuscht, während Plutinchen ihre Murmel an die Startlinie rollte. Sie drehte ihren Kopf leicht, vermaß mit ihren Sensoren den Abstand zum Ziel und berechnete die notwendige Energie. Mit einem kräftigen Fußtritt schickte sie ihre Murmel auf die Reise. Doch auch sie schaffte es nicht, denn die Murmel rollte ganz knapp an der kleinen Kuhle vorbei.

„Da kann man nichts machen“, stellte die Roboterkatze fest. „Wahrscheinlich eine Unebenheit im Boden.“

Jetzt war der große Major Tom an der Reihe. Gekonnt schnipste er mit seiner großen Hand, die in einem Raumhandschuh steckte, seine Murmel über die Startlinie. Sie rollte schnurstracks auf die Vertiefung zu, schaffte es aber nicht über den leicht erhöht liegenden Rand.

„Jetzt bin ich dran!“, lachte der kleine Major Tom und ließ seine Murmel über den Sand kullern. Mühelos überwand sie den Rand der Vertiefung und blieb mitten in der Kuhle liegen.

„Gewonnen!“, jubelte der kleine Major Tom, riss beide Arme in die Höhe und machte einen kleinen Freudenhüpfer. „Ich habe gewonnen!“

„Ein toller Wurf“, lobte Stella. „Der Marsboden ist wirklich sehr gut zum Murmelspielen geeignet.“

„Ich habe nicht zu viel versprochen“, lachte der große Major Tom, nahm die Murmeln aus der Vertiefung und reichte sie seinem Sohn. „Das sind deine. Noch ein Spiel? Aber dann müsstest du mir ein paar

Murmeln leihen. Ich habe immer verloren und die Murmeln an euch abgeben müssen. Und hier auf dem Mars kann man keine Murmeln kaufen."
„Eine Marktlücke", meinte der kleine Major Tom. „Sollte ich mal ein Geschäft auf dem Mars eröffnen, werde ich auf jeden Fall Murmeln anbieten."
„Das wird bestimmt ein Riesenerfolg", schmunzelte Toms Vater. „Vor allem weil in Zukunft auch Kinder auf dem Mars leben werden."
„In Zukunft?", wunderte sich Stella. „Und was ist mit uns? Wir sind doch schon da!"
„Das stimmt", nickte der große Major Tom. „Aber ihr könnt leider nicht bleiben. Ihr müsst zurück zum Space Camp 1. Die Raumstation kann nicht für längere Zeit ohne Besatzung sein. Die Experimente müssen überwacht und die Station kontrolliert werden. Das wisst ihr doch. Außerdem müsst ihr vorher noch zur Erde und den Space Racer überholen lassen. Auch Raumschiffe müssen regelmäßig gewartet werden. Vor allem wenn sie vorher auf dem Mars waren. Der Sand hier hat es in sich."

„Zur Erde?“, wiederholte Stella mit großen Augen, während der kleine Major Tom seine Murmeln verstaute.

„Natürlich“, antwortete der große Tom. „Der Space Racer muss gründlich überprüft werden.“

„Dann sehe ich ja endlich meine Eltern wieder“, freute sich Stella.

„Und ich meine Mutter!“, sagte Tom.

„Darauf kannst du dich verlassen“, lachte der große Tom. „Die Bodenstation bereitet schon euer Wurmloch vor.“

„Wann starten wir?“, fragte Tom traurig, da er seinen Vater schon bald wieder verlassen musste.

„In zwei Tagen“, antwortete der große Tom. „Dann ist das Wurmloch einsatzbereit.“

„Ich verstehe“, nickte der kleine Tom und packte die Murmeln wieder aus. „Dann möchte ich doch noch eine Runde spielen. Jeder bekommt fünf Murmeln von mir geschenkt. Papa, du darfst anfangen.“

„Miau!“, freute sich die Roboterkatze und nahm sich vor, diesmal den Tritt mit der Pfote noch genauer zu berechnen.

Der kleine Major Tom war in Gedanken schon beim Abschiednehmen. Deshalb war er unkonzentriert und verlor das Spiel.

Aber das machte ihm nichts aus. Er freute sich sogar, dass diesmal sein Vater gewonnen hatte. Die Murmeln blieben nun auf dem Mars.

Rückkehr zur Erde

Zwei Tage später folgte der kleine Major Tom, nach einer letzten Umarmung mit seinem Vater, Stella und Plutinchen zum Space Racer. Ihr Raumschiff stand startbereit hinter der Internationalen Marsstation. Sie kletterten an Bord, schlossen die Haube und begannen mit dem Check, der vor jedem Start erforderlich war. Auf einem Monitor vor ihnen erschien die Checkliste mit mehreren Punkten, die sie durchgehen mussten.
„Treibstoff okay. Sauerstoff okay. Akkus geladen“, sagte Stella.
Nach ein paar Minuten hatten sie die Liste durchgesehen. Es war alles in Ordnung.
„Major Tom an Mars-Bodenkontrolle. Wir sind jetzt startklar.“
„Ihr wisst ja Bescheid“, hörten sie Toms Vater. „Die Wurmloch-Generatoren erzeugen das Wurmloch erst, wenn ihr dort seid. Die Zielangaben sind ja bereits in eurem Bordcomputer gespeichert.“

„Zielangaben sind vollständig", bestätigte Plutinchen.

„Dann gebe ich euch jetzt die Startfreigabe", sagte der große Tom. „Guten Flug!"

„Danke und tschüs", sagte der kleine Tom, dem die Tränen in den Augen standen. Um den Start brauchte er sich nicht zu kümmern, da noch immer Stella die Pilotin war. Langsam hob der Space Racer vom Marsboden ab und beschleunigte dann, um das Schwerefeld des Planeten verlassen zu können. Tom, Stella und Plutinchen wurden in ihre Schalensitze gedrückt. Sie hatten eine Höhe von fünf Kilometern erreicht, als plötzlich ein rotes Signal aufleuchtete.

„Die Triebwerke“, sagte Stella mit gedämpfter Stimme. Bei der Beschleunigung fiel das Sprechen nicht leicht.
„Das ist bestimmt der Marssand“, meinte Tom. „Der steckt in jeder Ritze. Hoffentlich klappt der Flug trotzdem.“
Das Raumschiff begann zu zittern.
„Wenn das bloß gut geht“, sagte Tom.
Kaum hatte er den Satz beendet, erlosch das rote Licht. Der Space Racer beruhigte sich wieder.
„Glück gehabt“, schnaufte Stella erleichtert.
„Hoffentlich. Noch sind wir nicht am Ziel“, fügte Tom hinzu.
Bald hatten sie den Orbit erreicht und hielten Ausschau nach den Generatoren, die das Wurmloch erzeugen sollten. Ein Wurmloch war eine Abkürzung im Weltall. Flog man durch es hindurch, konnte man sehr schnell große Entfernungen überwinden. Auf diese Weise waren sie auch zum Mars geflogen.
„Da sind die Generatoren!“, rief Tom. „Sechs Stück.“
„Volle Beschleunigung!“, sagte Stella und schob auf dem Display einen Regler nach oben.

Das kleine Raumschiff flog immer schneller. Die Passagiere klebten jetzt in den Sitzen. Vor ihren Augen formte sich eine Art Linse im All. Sie sah aus der Ferne wie eine überdimensionale Lupe aus und war gerade groß genug für den Space Racer.
„Das Wurmloch! Das wird wieder eng“, hauchte Stella. Wieder war kein Geräusch zu hören, wieder merkten sie nichts. Nur der Mars war plötzlich nicht mehr da. Dafür erblickten sie die Erde, den Blauen Planeten, den Wasserplaneten, ihre Heimat.

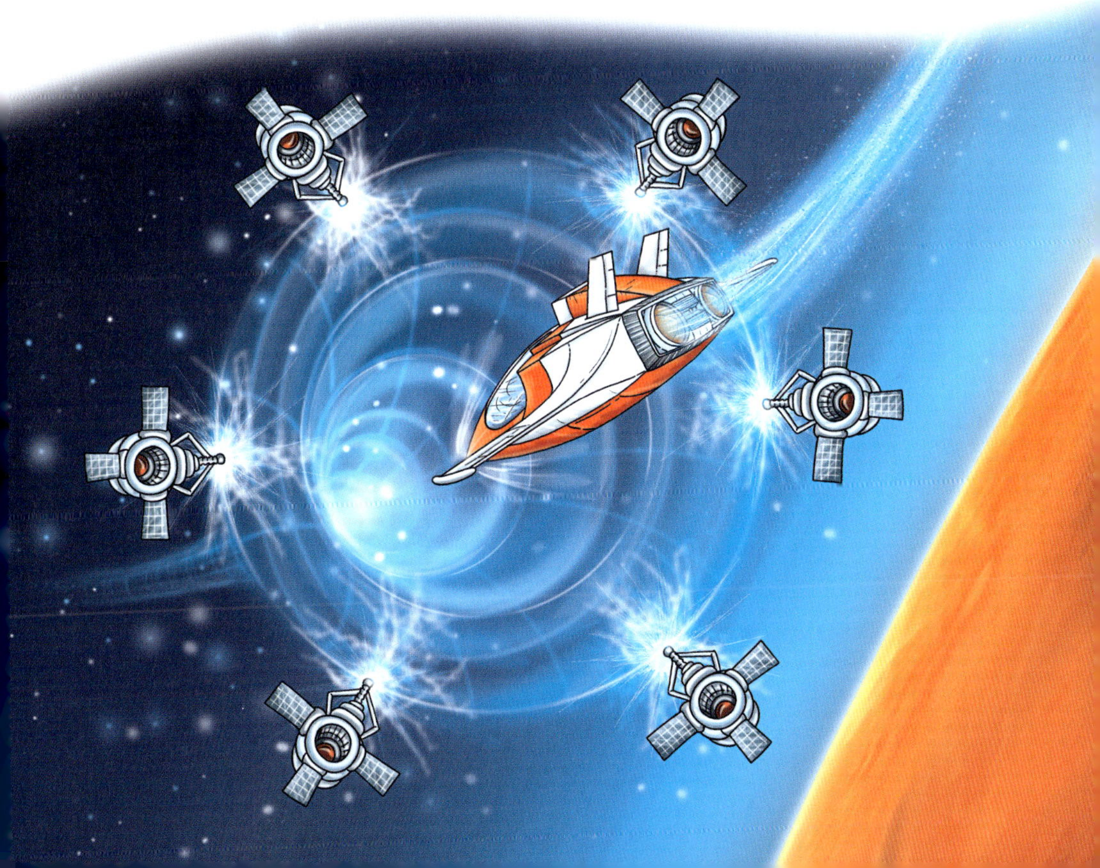

„Orbital!“, staunte Tom. „Ich gebe zu, so spannend der Mars auch ist, ich habe die Erde vermisst.“
„Das Wurmloch hat sich wieder geschlossen“, stellte Plutinchen fest. „Es ist verschwunden.“
„Nicht aber unser Space Camp 1“, bemerkte Stella und musste eine enge Kurve fliegen, um nicht mit der Raumstation zusammenzustoßen. „Müssen die uns immer so lenken, dass irgendetwas direkt auf unserem Kurs liegt? Erst beim Hinflug der Marsmond und jetzt unsere Station.“
„Scheint so“, stimmte Tom ihr zu. „Egal, wir sind wieder zu Hause.“
„Wenn die Triebwerke durchhalten“, warf Stella ein, denn das rote Warnsignal leuchtete wieder auf.
„Bodenstation an Space Racer“, meldete sich in diesem Augenblick eine Stimme. „Willkommen auf der Erde. Bitte macht keinen Abstecher zum Space Camp 1, sondern fliegt direkt zu uns. Verstanden?“
„Alles klar“, antwortete Tom. „Wir sind gleich bei euch. Wird auch höchste Zeit. Wir haben wahrscheinlich einen ganzen Sandkasten voll Marssand an Bord.“

„Das glaube ich gern. Wir kennen das Problem“, sagte die Stimme von der Erde.
„Ich habe die Bodenstation als neues Ziel programmiert“, sagte Plutinchen. „Den Rest übernimmt der Autopilot.“
Stella ließ den Joystick los und genoss den immer wieder überwältigenden Anblick der Erde. Da der Space Racer zunächst die Erde umkreiste, hatte sie genügend Zeit, sich die Welt von oben anzusehen.
„Über der Südsee hat sich ein riesiger Sturm zusammengebraut“, stellte sie fest.
„In Europa ist auch schlechtes Wetter“, meinte Tom. „Von Deutschland ist nichts zu sehen. Alles grau. Schmuddelwetter.“
„Dafür scheint am Südpol die Sonne“, fügte Plutinchen hinzu.
„Sehr tröstlich“, sagte Stella. „Dann können wir ja dort unseren nächsten Sommerurlaub verbringen.“
„Ohne mich“, schüttelte Tom den Kopf und verfolgte, wie der Space Racer die Bremsraketen zündete, die Umlaufbahn verließ und in die Erdatmosphäre gelangte. Jetzt wurde es wieder einmal ungemütlich.

Das Raumschiff bekam durch den Luftwiderstand eine heiße Nase und begann zu zittern wie ein Pappelblatt im Wind. Aber schon nach wenigen Minuten war alles überstanden. Der Space Racer wurde langsamer und flog nun so schnell wie ein Flugzeug. Nach einer lang gezogenen Kurve verlor das Raumschiff weiter an Höhe und kam der Erdoberfläche schnell näher. Schließlich tauchten große Gebäude und eine Landebahn vor ihnen auf.
„Die Bodenstation", sagte Tom erleichtert. „Ich fahre das Fahrgestell aus. Wir sind da."
„Sind wir noch nicht", widersprach Stella, während der Space Racer erneut zu zittern begann und sich langsam auf die Seite legte. Das Raumschiff begann zu rollen, wie es Piloten nannten.
„Querruder!", rief Tom, doch Stella hatte bereits den Autopiloten abgeschaltet und zum Joystick gegriffen. Mit großer Mühe brachte sie das Raumschiff wieder in eine normale Position.
„Da stimmt etwas ganz gewaltig nicht", sagte sie. „Als ob der Space Racer plötzlich einen eigenen Willen hat."

Schon begann das Raumschiff wieder leicht zu rollen. Stella hielt mit dem Joystick dagegen. „Der Space Racer gehorcht einfach nicht!“, schimpfte Stella und legte ein paar Schalter um. Widerwillig richtete sich das Raumschiff auf, erreichte aber noch immer nicht die normale Fluglage.

„Der Marssand muss die Steuerung beschädigt haben“, vermutete Plutinchen. „Die Software arbeitet einwandfrei. Aber das Leitwerk nicht. Es muss an den kleinen Motoren liegen, die die Ruder bewegen.“
Die Bodenstation wurde größer und größer. Stella kämpfte mit dem Joystick und richtete den Space Racer in letzter Sekunde wieder auf.
„Die Landebahn!“, rief Tom. „Die Nase nach oben!“
Stella zog den Joystick vorsichtig an sich heran. Der Space Racer gehorchte und hob langsam die Nase. Es rumpelte kurz, als sie aufsetzten; dann rollte das Raumschiff bereits auf der Landebahn.
„Puh!“, schnaufte Stella. „Und das nur wegen einem bisschen Sand!“
Kaum hatten sie die Triebwerke abgeschaltet, da kam ein kleiner Bus auf sie zu und hielt neben dem Raumschiff. Die Tür sprang auf und Stellas Eltern kamen heraus.
„Endlich!“, rief Stella, öffnete die Haube des Space Racers und kletterte heraus. Tom und Plutinchen beobachteten, wie Stella ihre Eltern in die Arme schloss. Tom konnte sie nur allzu gut verstehen und

hoffte, eines Tages wieder zum Mars reisen zu können. Seine Mutter würde er erst später treffen. Sie hatte für einen wichtigen Auftrag die Bodenstation verlassen müssen.

„Sollten wir nicht auch aussteigen?“, schnurrte Plutinchen.

„Klar“, antwortete der kleine Tom, der plötzlich an das Murmelspiel auf dem Mars denken musste. „Wird langsam Zeit.“

Gemeinsam mit Stellas Eltern fuhren die drei Freunde auf die Gebäude der Bodenstation zu. Von hier aus wurden die Raumflüge und Missionen überwacht. Wie die Besatzungen der Raumschiffe und Raumstationen war auch die Bodenkontrolle international besetzt. Hier arbeiteten Menschen aus der ganzen Welt.

Die Gebäude waren riesig und dienten nicht nur der Wartung von Raumschiffen, sondern auch der Forschung und der Ausbildung von neuen

Astronauten. Ständig trafen Daten und Bilder vom Mond, vom Mars und den verschiedenen Raumstationen und Satelliten hier ein und wurden ausgewertet. Damit war auch Stellas Mutter beschäftigt.

„Was passiert jetzt mit dem Space Racer?“, fragte Tom während der kurzen Fahrt.

„Er wird in den Hangar gebracht und dort genau untersucht“, antwortete Stellas Mutter. „Dabei geht es nicht nur um Sand. Raumschiffe müssen einfach regelmäßig gewartet werden.“

„Allerdings“, stimmte Stella zu und wusste genau, was gemeint war.

„Wie lange wird das dauern?“, fragte Tom.

„Ich schätze, etwa eine Woche. Dann könnt ihr zurück zum Space Camp 1 fliegen“, sagte Stellas Mutter.

„Eine Woche Erde ist nicht schlecht“, freute sich Tom.

„Aber zuerst gehen wir etwas essen“, sagte Stellas Mutter. „Frisches Gemüse und frisches Obst.“

„Und frisches Öl“, fügte Plutinchen hinzu.

Plutinchen im Astronautenkarussell

Nach einer gründlichen medizinischen Untersuchung und einer Ruhepause wartete jede Menge Freizeit auf Stella und Tom. Ganze zwei Stunden verbrachte Stella alleine mit ihren Eltern und erzählte ausführlich von ihren Abenteuern, von der Begegnung mit dem Kometen, vom Flug zum Mond, vom Flug durch das Wurmloch zum Mars und vom Olympus Mons, dem höchsten Vulkan des Sonnensystems. Aber dann mussten ihre Eltern wieder zurück in ihre Labore. Stella, Tom und Plutinchen beschlossen, sich in der Bodenstation umzusehen. Ganz besonders spannend fanden sie das Gebäude, in dem das Astronautentraining stattfand. Vor ein paar Jahren hatten auch sie dort trainiert. Anfangs eigentlich nur so zum Spaß. Am Ende waren sie dann aber richtige Astronauten geworden.

„Schaut mal, da vorne ist das Wasserbecken!“, freute sich Tom. „Los, wir schauen mal zu!“

Sie gingen zu einer der großen Glasscheiben, durch die man in das Becken sehen konnte. Ganz ähnlich wie bei einem Aquarium. Nur konnte man hier keine Fische sehen, sondern Astronauten in Taucheranzügen, die wie Raumanzüge aussahen. Auf dem Boden des Wasserbeckens, das so groß, aber noch viel tiefer als ein Schwimmbad war, stand das Modul einer Raumstation.
„Ich glaube, sie üben Außeneinsätze", sagte Tom. Einer der beiden Astronauten, die von Tauchern überwacht wurden, hielt eine Art Schraubenschlüssel hoch.

„Das ist bestimmt das falsche Werkzeug“, grinste Stella. „Sie haben ihm absichtlich ein falsches Werkzeug in die Werkzeugkiste gelegt. Dieses Problem mussten wir damals auch lösen. Weißt du noch?“

„Na klar“, antwortete Tom. „Es ist immer an einer falschen Stelle der Werkzeugkiste befestigt. Damit wollen die Trainer die Aufgabe schwieriger machen. Die Astronauten sollen so darauf vorbereitet werden, dass es plötzlich Probleme geben kann, die sie dann lösen müssen. Man muss nur aufpassen. Sonst versucht man, mit dem falschen Werkzeug zu schrauben.“

„Der Astronaut hat noch keine Idee, wo er suchen soll“, stellte Stella fest.
„Aber seine Kollegin“, bemerkte Tom. „Sieh nur! Sie greift in die andere Box.“
„So haben wir auch mal angefangen“, erinnerte sich Stella. „Und dann waren wir auf einmal besser als die Erwachsenen.“
„Wir waren auch schneller“, prahlte Tom. „Niemand konnte so schnell die Messgeräte am Modul an- und abmontieren wie wir.“
„Es war aber auch sehr anstrengend“, erinnerte sich Stella.
„Na klar. Daher müssen Astronauten gesund und fit sein“, sagte Tom. „Sport, viel Training, viel lernen, gesunde Ernährung. Das weißt du doch.“
„Das brauche ich alles nicht“, meldete sich Plutinchen zu Wort. „Ich brauche nur einen vollen Akku, etwas Öl und ab und zu ein Ersatzteil.“
„Du brauchst ja nicht einmal einen Raumanzug“, schmunzelte Stella. „Komm, gehen wir weiter. Dort hinten ist das Karussell.“
„Wie, ein Karussell?“, wiederholte Plutinchen. „Hier im

Trainingslager? Das kann doch gar nicht sein.“
„Es ist kein richtiges Karussell“, erklärte Tom. „Wir nennen es nur so. Eigentlich ist es eine Zentrifuge. An einem langen Arm ist eine Kabine für den Astronauten befestigt. Diese Kabine wird an dem Arm wie in einem Karussell im Kreis bewegt. Nur eben viel, viel schneller.“
„Ich weiß, was eine Zentrifuge ist“, sagte Plutinchen. „Darin werden die Astronauten auf die enorme Beschleunigung beim Start einer Rakete vorbereitet. Da sind 4 g ganz normal. Das ist das Vierfache der Erdbeschleunigung. Man könnte auch sagen, man ist viermal so schwer wie auf der Erde.“
„Die 4 g kann man aber immer noch ganz gut aushalten“, versicherte Tom. „Aber ab 6 g oder 7 g wird es unangenehm.“
„Allerdings“, nickte Stella.
„Ich habe da keine Erfahrungen“, sagte Plutinchen. „Ich war noch nie in einer Zentrifuge. Ich kenne nur die Flüge mit einer Rakete und dem Space Racer.“
„Die sind harmlos“, meinte Stella. „Kein Vergleich zur Zentrifuge.“

„Vielleicht wird sie gerade nicht benutzt“, vermutete Tom. „Dann könnte Plutinchen ein paar Runden drehen.“
„Sehr gerne sogar“, stimmte die Roboterkatze zu.
Die drei Freunde erreichten nach wenigen Schritten die Tür zum Kontrollraum der Zentrifuge und öffneten sie. Eine Frau saß an einer Konsole und machte sich ein paar Notizen auf einem Klemmbrett. Vor ihr befand sich ein großes Fenster, durch das man in den Zentrifugenraum sehen konnte.
„Sie ist leer“, stellte Stella fest. „Kommt, wir fragen einfach mal.“
„Es tut mir leid“, war die Antwort der Frau, die einen weißen Laborkittel trug. „Ohne Kontrollpersonal und ohne ärztliche Aufsicht könnt ihr nicht in die Zentrifuge. Und der Trainingsplan für die nächsten Tage steht schon fest. Da sehe ich keine Möglichkeit.“
„Es geht ja gar nicht um uns, sondern um Plutinchen“, warf Stella ein.
„Ach so, es geht um eure Roboterkatze“, lächelte die Frau. „In diesem Fall kann ich eine Ausnahme machen. Bei einer Maschine besteht ja keine Lebensgefahr wie bei einem Menschen. Sie braucht auch nicht an die

ganzen medizinischen Kontrollgeräte angeschlossen zu werden. Eigentlich muss man sie ja nur anschnallen. Ich zeige euch, wie ihr die Zentrifuge bedient."

Die Frau trat an die Konsole und erklärte kurz, wie man die Zentrifuge startet und wieder anhält.

„So ein Robotertier hält schon eine ganze Menge aus. Sogar 10 g und mehr", sagte sie. „Ich lasse euch jetzt allein und trinke einen Kaffee. Aber in einer Viertelstunde bin ich wieder zurück. Ihr kennt euch ja aus."

„Also los!", rief Tom, nachdem die Frau den Kontrollraum verlassen hatte. „Bringen wir Plutinchen auf Touren!"

Sie gingen in den Zentrifugenraum und öffneten die Tür der kleinen Kabine, die einem Menschen Platz bot. Für Plutinchen war sie allerdings riesig. Tom und Stella strafften die Sicherheitsgurte, sodass sie Plutinchen auf dem viel zu großen Sitz anschnallen konnten.

„Passt ausgezeichnet“, sagte die Roboterkatze. „Ich bin schon sehr gespannt auf das Astronautenkarussell.“

Nachdem sie alles überprüft hatten, gingen sie zurück in den Kontrollraum und schlossen die Tür. Mit Plutinchen waren sie natürlich über Funk verbunden.

Tom setzte sich an die Konsole und fragte: „Bist du startklar?“

„Alle Systeme arbeiten einwandfrei“, antwortete Plutinchen.

„Dann viel Spaß“, sagte Tom, drückte auf einen Knopf und schob einen Regler nach oben. Die Zentrifuge setzte sich ganz langsam in Bewegung. Die Achse befand sich in der Mitte des runden Raums und trug am kurzen Ende ein Ausgleichsgewicht. Gegenüber, am langen Arm, hing die Kabine. Sie hing tatsächlich, und zwar so, dass die Kabine sich in die Kurve legen konnte. Wie ein Motorrad.

Die Zentrifuge nahm Fahrt auf.

„Wir sind bei 2 g“, sagte Tom. „Alles okay?“

„Alles okay. Aber langweilig“, funkte Plutinchen. „Ich bin eine Roboterkatze, keine Roboterschnecke.“

„Gut, dann beschleunige ich auf 4 g“, entschied sich Tom und schob den Regler weiter nach oben. Die Kabine flog an ihrem langen Arm immer schneller an dem großen Fenster vorbei.
„Na, was sagst du nun?“, fragte Stella.
„Schon besser“, antwortete Plutinchen. „Das sind die Kräfte, die ich vom Space Racer her kenne.“
„Ich erhöhe auf 5 g“, sagte Tom und schob den Regler noch höher. Die Kabine zischte vorbei. Plutinchen war hinter dem kleinen Kabinenfenster nicht mehr zu erkennen.
„Immer noch alles in Ordnung?“, fragte Stella. „Wir haben ja keine Anzeigen für den Blutdruck und das Herz. So wie bei menschlichen Astronauten.“
„Alles in Ordnung“, antwortete Plutinchen. „Meine Chips arbeiten einwandfrei.“
„Also 6 g“, sagte Tom.
„Wunderbar!“, miaute Plutinchen. „Jetzt wird es erst interessant.“
„Dann bin ich gespannt, was du zu 8 g sagst“, wunderte sich Tom und griff erneut zum Regler.
„Vorsichtig!“, mahnte Stella. „Das ist schon sehr viel.

Da werden fast alle ohnmächtig. Außerdem haben Astronauten noch besondere Anzüge an."
„Aber Plutinchen ist kein Astronaut", entgegnete Tom.
„Noch 2 g mehr!", funkte Plutinchen.
Tom schob den Regler nach oben. Die Kabine flog jetzt so schnell vorbei, dass das Auge nicht mehr folgen konnte.
„Orbital! Das sind jetzt 10 g", staunte er. „Absolut lebensgefährlich!"
„Aber nicht für Roboterhunde!", miaute Plutinchen. „Roboterhunde lieben die Geschwindigkeit."
„Plutinchen?", erschrak Stella. „Du bist doch kein Roboterhund!"
„Was denn sonst? Etwa eine Roboterkuh?", funkte Plutinchen. „Und wenn schon? Auch Roboterkühe fliegen gerne durch das Wasser!"
„Anhalten! Sofort stoppen das Ding!", rief Stella und sprang von ihrem Laborstuhl auf. „Da stimmt etwas nicht!"
„Schon passiert", antwortete Tom und fuhr den Regler langsam wieder nach unten.
„Eine Roboterkuh braucht wenig Ruh, ein

Roboterhund ist kunterbunt“, hörten sie plötzlich Plutinchen singen.

„Jetzt mach schon!“, rief Stella ängstlich. „Stopp endlich das Karussell!“

„Der Regler ist unten, aber die Anzeige ist noch bei 10 g“, erwiderte Tom. „Die Zentrifuge dreht sich weiter und bremst nicht ab.“

„Die Roboterkuh, die macht nicht Muh, der Roboterhund hat keinen Mund“, sang Plutinchen.

„Das Roboterschaf braucht keinen Schlaf, das Roboterhuhn hat nichts zu tun.“

„Was sollen wir tun? Was hat die Frau gesagt? Müssen wir nicht noch irgendwelche Knöpfe drücken?“, fragte Stella und starrte auf die Konsole.
„Das Roboterschwein trinkt niemals Wein, die Roboterente geht bald in Rente“, grölte es aus dem Lautsprecher, als würde ein Betrunkener singen.
Tom und Stella stand der Schweiß auf der Stirn. Ihre Augen und Finger huschten über die Konsole, ohne zu wissen, welcher Knopf der richtige war.
„Lange hält sie das bestimmt nicht mehr aus!“, schluchzte Stella mit Tränen in den Augen.

„Jede Anlage hat doch einen Notschalter“, sagte Tom. „So einen roten Knopf. Du weißt schon. Eine Art Notbremse.“

Stella sah sich um.

„Da! Das muss er sein!“, rief sie und schlug mit der flachen Hand zu. Im selben Augenblick ertönte eine Sirene und ein rotes Alarmsignal leuchtete auf. Die Zentrifuge wurde langsamer. Schon konnte man der Kabine mit den Augen wieder mühelos folgen.

„Schnell!“, rief Stella und sprang zur Tür des Kontrollraums. Doch die ließ sich erst öffnen, nachdem die Zentrifuge zum Stillstand gekommen war. Sie riss die Tür auf und rannte mit Tom zur Kabine. Die Roboterkatze lächelte sie an, als wäre nichts passiert. Mit flinken Fingern lösten sie die Gurte und zogen Plutinchen aus dem Sitz. Stella nahm sie auf den Arm.

„Alles okay? Geht es dir gut?“, fragte sie.

„Ich glaube, 10 g waren doch zu viel“, meinte Tom und streichelte ihr mit der Hand über den Kopf.

„Nein, die waren nicht zu viel, noch heute fliegen wir zum Nil“, lächelte Plutinchen. „Am Nil, da steh’n die

Pyramiden, die haben wir bislang gemieden. Denn die gehör'n dem Pharao, das ist seit vielen Jahren so. Doch endlich sind wir auch mal dran und seh'n uns seine Mumie an. Miau!"

„Ach, du dickes Mondkalb!", entfuhr es Tom.

„Nein!", seufzte Stella.

Was wird aus Plutinchen?

Plutinchen lag auf einem kleinen Tisch aus Metall. Sie war festgeschnallt und sah wie betäubt an die Decke. In ihrem Kopf steckte ein Stecker mit einem Kabel, das zu einem Computer führte. Vor mehreren Monitoren saßen Tom und Stella zusammen mit ihrem Vater, der ein Roboterexperte war.

„Die Mumie, die ist eingesackt, der Pharao ist gut verpackt“, sang Plutinchen leise. „Pyramiden sind aus Stein gebaut, der Pharao hat sie geklaut.“

„Das hält ja kein Mensch aus“, meinte Tom. „Wie kommt sie bloß auf diese Reime?“

„Das weiß ich auch nicht so genau“, antwortete Stellas Vater. „In dem Chip in ihrem Kopf läuft ja kein gewöhnliches Programm, das jede Handlung und jedes Wort vorgibt. Eure Roboterkatze ist ja mit künstlicher Intelligenz ausgestattet. Sie ist lernfähig und kann in einem gewissen Rahmen selber denken.“

„Das wissen wir“, stöhnte Stella. „Deshalb ist sie ja unsere Freundin. Eben weil sie kein dummes Programm hat, sondern ein intelligentes. Sie ist eine echte Persönlichkeit. Also, was meinst du?“

„Ganz klar, die Beschleunigung von 10 g hat bei ihr irgendetwas beschädigt. Eigentlich hätte sie diese Belastung aushalten müssen. Aber Technik kann nun einmal kaputtgehen. Das war schon immer so. Am einfachsten wäre es, den Chip in ihrem Kopf gegen einen neuen auszutauschen“, schlug Stellas Vater vor. „Auch wenn der Chip teuer ist.“

„Ich ahne nichts Gutes“, sagte Tom. „Was wird dann mit ihren Erinnerungen?“
„Die gehen natürlich verloren“, antwortete Stellas Vater. „Alles, was sie im Laufe der Zeit gelernt hat, sollten wir am besten nicht auf den neuen Computerchip übertragen. Damit könnten wir nämlich auch die Störung, die Fehlfunktion, übertragen. Am Ende wären wir wieder da, wo wir jetzt sind.“
„Der Pharao läuft durch die Wüste, wenn das die Pharaonin wüsste“, flüsterte Plutinchen. „Die Mumie liegt im Sarkophag, der Deckel drückt sie ziemlich arg. Doch Rettung naht, der Steinmetz kommt und er entfernt den Deckel prompt. Der Pharao, der ist jetzt frei, ...“
„Das hält wirklich niemand lange aus“, seufzte Stella. „Kann man das nicht abschalten?“
„Das kann man schon“, antwortete ihr Vater. „Aber wir wissen nicht, was dann mit ihr passiert. Es kann sein, dass sie dann auch alle Erinnerungen verliert.“
Tom und Stella sahen sich an.
„Wir müssen eine Entscheidung treffen“, sagte Tom.

„Plutinchen ist eine Maschine, ein Roboter mit künstlicher Intelligenz. Sie ist nicht lebendig. Aber sie ist trotzdem unsere Freundin. Sie kennt uns und hat uns schon oft in gefährlichen Situationen geholfen."
„Wir versuchen es mit einem neuen Chip, auf den wir ihre Erinnerungen übertragen", sagte Stella mit ernster Miene. „Wir müssen es versuchen. Und wenn wir unser ganzes Taschengeld dafür ausgeben müssen. Wir haben eine Menge gespart."
„Im All kann man nichts kaufen", fügte Tom hinzu. „Na ja, vielleicht Murmeln. Eines Tages auf dem Mars."
„Murmeln?", wiederholte Stellas Vater staunend. „Wieso Murmeln? Und wieso auf dem Mars?"
„Das erzählen wir dir später", maulte Stella. „Fang bitte an."
„Gut. Von mir aus. Aber der Ausgang ist ungewiss", sagte er und tippte Befehle in ein Keyboard aus Plexiglas. Plutinchen verstummte und schloss ihre Augen.
„Als wäre sie betäubt. Wie bei einer Operation", meinte Stella.
Jetzt hatten sie etwas Zeit und brauchten Geduld.

Aber einfach nur neben Stellas Vater stehen und bei der Operation zusehen, das wollten sie nicht.
„Komm! Sehen wir uns ein bisschen um!“, schlug Stella vor. „Das bringt uns auf andere Gedanken.“
Um sie herum gab es genug zu sehen. Es war ein großes Labor, in dem mehrere Roboter auf ihren Einsatz warteten. An der Wand hinter ihnen stand ein blauer, menschenähnlicher Roboter, der für die Arbeit auf Raumstationen entwickelt worden war.
„Das ist Space Justin“, erklärte Stellas Vater, ohne sich umzusehen. „Ist schon ein älteres Modell, arbeitet aber noch immer sehr gut.“
Links neben Space Justin standen mehrere Robotertiere, darunter auch ein Roboterhund.
„Mir ist eine Katze lieber“, meinte Stella. „Einen Roboterhund hat inzwischen jeder.“
„Und was ist mit so einer Roboterspinne?“, fragte Tom und wies mit dem Finger auf einen Roboter von der Größe einer Vogelspinne.
„Eine Roboterspinne?“, wiederholte Stella.
„Du spinnst wohl? Was soll ich denn mit einer Roboterspinne?“

„Hab' ich mir gedacht“, lächelte Tom. „Angst vor Spinnen.“
„Angst? Im Gegenteil! Davon braucht man mindestens zehn, wenn man die richtig einsetzen will. Eine kann an der Außenhülle einer Raumstation kaum etwas ausrichten. Aber mit einem Schwarm kann man viel erreichen. Die können blitzschnell Löcher flicken oder Sonnensegel reparieren. Sehen niedlich aus.“
Während sie sich umsahen, warfen sie immer wieder einen Blick auf Plutinchen, die regungslos auf dem Metalltisch lag.
„Ich bin so weit“, unterbrach sie Stellas Vater. „Die Erinnerungen sind übertragen. Ich tausche jetzt den Chip aus.“
Mit wenigen Handgriffen öffnete er den Kopf von Plutinchen und zog den Chip aus seiner Halterung heraus.
„Wie früher die Speicherkarte aus einem Handy oder einem Fotoapparat“, meinte Tom.
„Ja, ganz ähnlich“, bestätigte Stellas Vater und setzte den neuen Chip ein. „Jetzt bin ich gespannt.“

Tom, Stella und ihr Vater setzten sich auf die Laborstühle und warteten, während der Chip hochfuhr. Das dauerte mehrere Minuten.
„Das geht ganz schön an die Nerven“, klagte Stella und sah auf die Uhr ihres Astrofons.
„Es wird schon klappen“, versuchte Tom sie zu beruhigen. Auch er sah immer wieder auf die Uhr. Er dachte an Plutinchens Flug zum Kometen, dachte an die Abenteuer auf dem Mond und dem Mars.
„Da! Sie schlägt die Augen auf!“, rief Stella.
„Plutinchen! Alles in Ordnung?“
Die Roboterkatze sagte kein Wort, sondern starrte nur die Decke an.
„Plutinchen!“, rief Stella.
„Das braucht Zeit“, sagte ihr Vater. „In dem Chip laufen jetzt viele Prozesse ab. Nur Geduld.“
In diesem Augenblick drehte die Roboterkatze ihren Kopf zur Seite und sah Tom und Stella an.
„Alles wieder in Ordnung?“, wiederholte Stella.
„Der Pharao läuft durch den Sand, die Mumie folgt ihm unerkannt“, flüsterte Plutinchen.
„Das habe ich befürchtet“, stöhnte Stellas Vater.

„Wir haben den Fehler auf den neuen Chip übertragen. Die Arbeit war umsonst."

„Oh nein!", rief Stella. „Das darf nicht wahr sein!"

„Ist es auch nicht", schnurrte Plutinchen. „Es ist alles wieder in Ordnung. Es war nur eine kleine Fehlfunktion."

„Und was war das gerade mit dem Pharao?", fragte Tom misstrauisch. „Soweit ich weiß, hat eine künstliche Intelligenz keinen Humor. Es war also kein Scherz."

„War es auch nicht. Es war ein kleiner Rest der letzten Erinnerung, die ich hatte", sagte Plutinchen. „Sie ist aber unter Kontrolle. Nichts kann passieren."

„Bist du sicher?", fragte Stella. „Dann sag mir mal, welchen deiner Vorfahren du dir auf dem Mars unbedingt ansehen wolltest?"

„Sojourner natürlich!", schnurrte die Roboterkatze. „Den ersten Marsroboter. Und bestimmt keinen Pharao."

„Es hat doch geklappt!", rief Stella und riss die Arme in die Luft. „Das ist unser Plutinchen! Sie ist wieder da!"

„Puh!", schnaufte ihr Vater.

„Können wir sie jetzt mitnehmen?“, fragte Tom.
„Leider nicht“, antwortete Stellas Vater. „Ich muss noch ein paar abschließende Tests machen. Um ganz sicher zu gehen. Kommt in einer Stunde wieder.“
„Machen wir“, freute sich Stella. „Bis dahin schauen wir den Astronauten im Tauchbecken zu.“

Endlich Regen

Am nächsten Morgen saßen Stella und Tom mit strahlenden Gesichtern am Frühstückstisch. Neben ihnen hockte Plutinchen mit einem neuen Chip im Kopf und frisch polierter, glänzender Metallhaut.

„Fast wie neu", lachte der kleine Major Tom. „Jetzt fehlt nur noch der Space Racer."

„Wie fühlst du dich?", fragte Stella die Roboterkatze.

„Wie immer", antwortete Plutinchen. „Ich kann keinen Unterschied feststellen und auf alle Erinnerungen zugreifen. Danke, dass ihr mich wieder hinbekommen habt; sonst wären alle meine Erinnerungen an euch verloren gegangen."

„Finde auch, dass du wie immer bist“, freute sich Tom und füllte seine Schüssel mit Müsli.
„Was machen wir jetzt?“, fragte Stella nach dem Frühstück. „Das Astronautentraining reicht mir. Da hat sich auch nicht viel geändert. Vielleicht in eines der Forschungslabore? Draußen regnet es nämlich.“
Tom sah aus dem Fenster. Dicke Tropfen liefen die Scheibe hinunter.
„Wir gehen spazieren!“, schlug er spontan vor.
„Aber es regnet doch“, entgegnete Stella.
„Deshalb will ich ja nach draußen“, lachte Tom.
„Kommt ihr mit?“
„Ich bin wasserfest“, stimmte Plutinchen zu.
Stella sah kurz zum Fenster und verstand, was Tom vorhatte: „Na klar, ich komme mit!“
Sie suchten sich eine Tür, die auf eine Wiese hinter einem der Labore führte. Draußen war es zwar warm, aber nass. Ein typischer Sommerregen fiel aus einer grauen Wolke.
„Orbital!“, rief Tom und rannte ins Freie. Er schlenkerte die Arme wild herum und begann zu tanzen.

„Regen!“, freute sich Stella und tanzte ebenfalls auf der Wiese. In wenigen Augenblicken waren sie patschnass.
Plutinchen folgte ihnen, tanzte aber nicht, sondern schüttelte den Kopf. Für das sonderbare Verhalten ihrer Freunde fehlte ihr das Verständnis. „Warum tanzen Menschen im Regen? Ich glaube, jetzt braucht ihr einen neuen Chip.“
„Weil wir den Regen so lange vermisst haben“, antwortete Tom. „Im Weltall gibt es keinen Regen, auf dem Mars auch nicht.“

„Wenn es andauernd regnet, mögen wir den Regen nicht. Aber wenn es lange Zeit nicht geregnet hat, kann der Regen herrlich sein“, versuchte Stella zu erklären. „Es ist unbeschreiblich, wenn man die Tropfen auf der Haut spürt. Ein tolles Gefühl.“
„Ich finde, Regen ist einfach nur nass“, antwortete die Roboterkatze.
„Er ist viel mehr als das“, widersprach Tom.
„Nur Wasser, das aus den Wolken fällt“, entgegnete Plutinchen.
„Die Wolken! Willst du sehen, wie Regen entsteht?“, fragte Stella.
„Ich weiß, wie Regen entsteht“, antwortete Plutinchen.
„Wir auch“, entgegnete Tom. „Aber wir könnten es uns ansehen.“
„Au ja“, strahlte Stella. „Wir besuchen die Tropfen. Leider steht der Space Racer im Hangar.“
„Wir leihen uns einfach einen Hubschrauber“, schlug Tom vor. „Draußen auf dem Flugfeld habe ich vorhin ein paar Maschinen gesehen.“
„Ich frage gleich meine Eltern“, sagte Stella. „Aber erst sollten wir uns etwas Trockenes anziehen.“

„Endlich eine gute Idee“, stimmte Plutinchen zu, drehte sich um und marschierte zurück in das Labor. Keine Stunde später schnallten sich Tom und Stella in einem nagelneuen Hubschrauber an. Plutinchen hatte es sich auf der schmalen Rückbank bequem gemacht. Draußen standen Stellas Eltern unter einem Regenschirm und winkten.

„Wer fliegt?“, fragte Tom.

„Diesmal bist du wieder dran, Tom“, antwortete Stella.

„Okay“, sagte Tom, sah sich die Instrumente und die Displays an und griff zum Steuerknüppel.

„Die Maschine ist startklar“, meldete Plutinchen. „Sie ist durchgecheckt und vollgetankt. Wir haben auch schon die Startfreigabe der Bodenstation. Ist ja nur ein Hubschrauberflug.“

„Na, dann los!“, sagte Tom und startete den Motor. Über ihnen begannen sich die Rotoren zu drehen. Der Hubschrauber hob ab und stieg in die Wolken auf. Unter ihnen wurde die riesige Bodenstation immer kleiner.

„Ungewohnt langsam“, meinte Stella. „Kein Vergleich zum Space Racer.“

„Dafür können wir aber in der Luft schweben", wandte Tom ein. „Und genau das wollen wir ja." Als sie höher stiegen, hörte es auf zu regnen und die Sonne kam hinter den tief hängenden Wolken hervor.

„Wie hoch sind wir?“, fragte Stella, als sie die Wolken erreichten.
„Dreitausend Meter“, antwortete Tom. „Von hier aus starten die Regentropfen. Aber vorher müssen sich erst die Wolken bilden. Eigentlich bestehen sie aus Wasser.“
„Aber wie kommt es hier hin?“, fragte Plutinchen und grinste. „Wasser kann doch nicht fliegen.“
„Kann es schon“, antwortete Stella. „Nämlich als Wasserdampf. Überall, wo Wasser auf der Erde ist, verdampft Wasser. Über den Ozeanen, Seen, Flüssen, Pfützen, den nassen Wiesen. Die Sonne erwärmt die Wasseroberfläche und ein wenig Wasser wird gasförmig und dabei unsichtbar.“
„Das passiert auch, wenn die Wäsche an der Leine trocknet“, ergänzte Tom. „Das flüssige Wasser wird zu einem Gas, verteilt sich in der Luft, erwärmt sich und steigt auf.“
„Wir haben also den gasförmigen Wasserdampf in der Luft“, fuhr Plutinchen fort. „Er ist ein paar Tausend Meter aufgestiegen, aber immer noch unsichtbar und keine Wolke.“

„Dazu muss sich der Wasserdampf wieder zurück in Wasser verwandeln. Das Gas muss wieder eine Flüssigkeit werden“, erklärte Stella. „Die warme Luft muss abkühlen. Das passiert, wenn warme Luft aufsteigt und dann weiter oben abkühlt. Außerdem muss genügend Wasserdampf vorhanden sein. Am besten, die Luft ist derart mit Wasserdampf gefüllt, dass sie gar nicht mehr davon aufnehmen kann.“

Tom, Stella und Plutinchen sahen sich um. Sie blickten in eine weißgraue Wolke, die unentwegt ihre Form veränderte.

„Dort passiert es. Innerhalb der Troposphäre. Manchmal auch darüber“, fuhr Plutinchen fort. „Doch damit der Wasserdampf wieder zu Wasser wird, braucht er noch etwas – nämlich feste Stoffe. Man nennt sie Schwebeteilchen oder Kondensationskeime.“

„Kondensationskeime?“, wiederholte Stella. „Und was keimt da genau?“

„Wasser natürlich“, schnurrte Plutinchen. „Diese Keime, das können Staubteilchen sein oder winzige Salzkristalle aus dem Meer. Oder ganz andere Stoffe, die in der Luft schweben.“

„Verstehe“, nickte Stella. „So wie ein Spiegel im Badezimmer. Wenn man gebadet oder geduscht hat, beschlägt er.“
„Ganz genau“, strahlte Plutinchen. „Der Spiegel hilft bei der Kondensation, also der Umwandlung von Wasserdampf in Wasser. Die winzigen Gasteilchen haften am Spiegel und werden wieder zu Wassertröpfchen. Das passiert auch in der Luft.“
„Sehen wir mal nach“, sagte Tom und wischte mit dem Finger über sein Astrofon, aus dem ein Display ausfuhr. „Vergrößere die Kondensationskeime in der Wolke vor uns.“
Es dauerte eine Weile, bis auf dem Display des Astrofons sonderbare Gebilde erschienen. Es waren Moleküle, winzige Teilchen, die aus mehreren Atomen bestanden. Sie waren viel zu klein, um sie mit bloßem Auge sehen zu können. Aber das Astrofon konnte sie wie ein Mikroskop vergrößern.
„Eine Schwefelverbindung“, las Tom vom Display ab. „Wenn sich mehrere davon zusammenballen, dann kleben bald auch die Teilchen des Wasserdampfs daran fest.“

„Und der kühlt irgendwann ab und wird wieder zu Wasser“, schloss Stella. „Winzige Tröpfchen bilden sich. Tröpfchen, die man sehen kann.“
„Ganz genau. Daraus bestehen die Wolken“, sagte Plutinchen. „Solange nicht mehr Wasserdampf hinzukommt und es nicht kälter wird, bleiben diese Wolken am Himmel. Aufsteigende Luft und der Wind hindern die winzigen Tröpfchen daran, auf die Erde zu fallen. Sie sind einfach zu leicht.“
„Den Rest kenne ich“, strahlte Tom. „Wenn die Luft kalt ist, kann sie weniger Wasserdampf aufnehmen. Immer mehr Wasserdampf verwandelt sich dann zurück in Wasser. Dadurch werden die Tropfen in den Wolken so groß und schwer, dass sie herunterfallen. Es regnet.“
„Manchmal schaffen es auch aufsteigende Winde, diese Tropfen wieder nach oben zu reißen“, fügte Stella hinzu. „Dann werden sie noch dicker. Aber irgendwann ist Schluss und es geht nach unten.“
„Ihr dürft den Hagel nicht vergessen“, sagte Plutinchen. „Wenn die Tropfen in sehr kalte Luft geraten, in frostige Luft, dann gefrieren sie zu Hagelkörnern, bevor sie auf die Erde fallen.“

„Da!“, rief Tom. „Seht mal auf das Display! Die Moleküle wachsen. Wassertröpfchen bilden sich!“
„Ja, so ein Astrofon ist eine feine Sache“, sagte Stella.
„Wir könnten noch höher steigen und uns den Hagel ansehen“, schlug Plutinchen vor.
„Gute Idee“, sagte Tom und fuhr das Display wieder ein. Schon schraubte sich der kleine Hubschrauber weiter nach oben.
„Das reicht schon“, meinte Stella. „Die Luft hier ist zehn Grad unter null. Es friert. Regentropfen, die vom Wind in diese Höhe gerissen werden, verwandeln sich in Hagelkörner. Da! Es hagelt schon! Du kannst ja genug Abstand zu den Hagelkörnern halten, damit der Hubschrauber nicht kaputtgeht. Los, noch höher! Jetzt mach schon! Hoch, immer höher!“
„Das geht leider nicht“, entgegnete Tom.
„Warum nicht?“, wunderte sich Stella.
„Weil wir nicht im Space Racer sitzen“, antwortete Tom. „Dies ist ein Hubschrauber. Mit ihm können wir nicht in jede Höhe fliegen. Denn je höher

wir aufsteigen, umso dünner wird die Luft. Die Rotorblätter haben dadurch immer weniger Auftrieb. Hier ist Schluss, wir müssen wieder nach unten. Aber wir haben ja gesehen, was wir sehen wollten."

„Schade", meinte Stella. „Aber du hast ja recht. Ein Hubschrauber ist eben kein Raumschiff. Bei unserem nächsten Ausflug sitzen wir zum Glück wieder im Space Racer. Kehren wir zur Bodenstation zurück. Es ist sowieso bald Mittag. Ich habe Hunger."

Tom flog noch eine Kurve, rauschte durch eine Wolke und flog zurück zur Bodenstation.

„Was machen wir am Nachmittag?", fragte Stella.

„Wir könnten den Space Racer besuchen", schlug Plutinchen vor. „Ich bin gespannt, was die Monteure alles mit ihm anstellen."

„Ja, das machen wir", stimmte Stella zu. „Aber vorher essen wir etwas in der Kantine und trinken einen Space Tea. Einverstanden?"

„Aber nur, wenn keine Pharaonen in der Nähe sind", lachte Tom.

„Pharaonen? Wieso?“, fragte Plutinchen. „Was haben Pharaonen damit zu tun?“

„Nichts!“, lachten Tom und Stella.

Der kleine Major Tom

Logbuch

Außer Kontrolle! // Eintrag 1

Es macht wirklich Spaß, auf dem Mars Murmeln zu spielen. Da der Mars eine geringere Schwerkraft als die Erde hat, rollen die Murmeln leichter und weiter. Ein großer Vorteil. Würde man nämlich Fußball spielen, dann flöge der Ball deutlich höher und weiter. Das Spielfeld müsste riesig sein. Doch da man bei niedriger Schwerkraft nicht so schnell laufen kann, würde ein Fußballspiel auf dem Mars ganz anders aussehen. Das gilt natürlich auch für andere Ballspiele wie etwa Basketball. Weil man auf dem Mars sehr hoch springen kann, müsste der Korb auch viel höher hängen. Aber schon beim Dribbeln gäbe es Probleme, da der Ball eben auch sehr hoch springen würde. Allerdings könnte man das Gewicht des Balls ändern. Sport auf dem Mars wird also nicht ganz einfach sein. Viele Sportarten müssten neu erfunden oder geändert werden. Nur mit Murmeln kann man einfach so spielen.

Außer Kontrolle! // Eintrag 2

Das war wirklich ein Schock, als bei Plutinchen der Chip beschädigt wurde. Wir hatten einfach vergessen, dass sie eine Maschine ist und wie jede Maschine auch mal kaputtgehen kann. Und auch eine künstliche Intelligenz kann Fehler machen. Die Idee, Computer zu bauen, die so ähnlich wie Menschen denken können, ist schon alt. Seit 1956 arbeiten Computerexperten daran. Inzwischen können die Chips in vielen Bereichen mehr als ein Mensch. Sie können manche Probleme unglaublich schnell lösen und haben ein irres Gedächtnis. Aber in anderen Bereichen sind sie weiterhin unterlegen. Wir können uns über Geschenke freuen und einen Pudding genießen. Plutinchen kann das nicht. Unsere Freundin ist sie trotzdem!

Außer Kontrolle! // Eintrag 3

Regen ist nicht bloß Wasser in Tropfenform. Denn er enthält auch andere Stoffe, die mit dem Wasser verdunstet sind. Über dem Meer etwa enthält der Wasserdampf auch Elemente wie Natrium oder Magnesium, die aus dem Meerwasser stammen. Kalium und Chlor sind auch dabei. Natürlich in winzigen Mengen, sodass man diese Stoffe nicht sehen kann. Verdampft Wasser über dem Land, sind neben Kalium aus dem Boden auch Pollen von Pflanzen und Staub in einem Regentropfen zu finden. Regen ist also tatsächlich nicht nur Wasser.

Plutinchen als Schiedsrichterin

„Das Universum ist groß, die Erde unser Zuhause."

Peter Schilling

Die Kreativ-Crew rund um den kleinen Major Tom

© Kurt Fuchs

Bernd Flessner …

… hat am 24.11.1957 Geburtstag. Er wurde in Göttingen geboren, ist aber am Meer aufgewachsen. Seine Lieblingsfarbe ist Rot. Am liebsten schreibt er Bücher für Erwachsene und Bücher für Kinder. Wenn er mal gerade nicht schreibt, dann kocht er. Sein Lieblingsgericht ist selbst gemachte Lasagne. Bernd Flessner ist ein begeisterter Zukunftsforscher, ihn interessiert alles, was mit Raumfahrt und Weltall zusammenhängt. Sein größter Wunsch wäre es, einmal zum Mars zu fliegen (und zurück natürlich, damit er von seinem Abenteuer berichten kann).

© Stefan Lohr

Stefan Lohr …

… hat am 5.5.1972 Geburtstag. Er wurde in Leutkirch geboren und lebt heute in Ravensburg. Seine Lieblingsfarbe ist Blau. Und am liebsten illustriert er Bücher für Kinder. Wenn er Zeit hat, dann fährt er gern Achterbahn. Am liebsten mit Doppellooping. Sein größter Wunsch wäre es, einmal mit Major Toms Space Racer ein paar Loopings im Weltall zu drehen.

Peter Schilling

Wer kennt nicht „Major Tom (völlig losgelöst)“ und hat dazu schon mal ordentlich abgetanzt?
Der Sänger und Songschreiber Peter Schilling, von dem dieser und noch viele andere Songs stammen, hatte die geniale Idee, die Geschichte aus dem weltbekannten Lied weiterzuerzählen – und zwar als Geschichte für Kinder.
Er ist, wie er sagt, im Herzen ein Kind geblieben und hat so die Idee zum kleinen Major Tom, Stella und Plutinchen gehabt.
Und weil er den Autor und Weltraumfan Bernd Flessner kennengelernt hat, sind daraus Geschichten entstanden.
Peter Schilling möchte gerne, dass Kinder die Möglichkeit bekommen, so viel wie möglich über unsere Welt und das Universum zu erfahren.
Deshalb tauscht er sich gerne vor seinen Konzerten mit Kindern über das spannende Thema Weltraum aus.

Bisher erschienen:

Band 1: Völlig losgelöst
ISBN 978-3-7886-4001-9

Bd. 2: Rückkehr zur Erde
ISBN 978-3-7886-4002-6

Bd. 3: Die Mondmission
ISBN 978-3-7886-4003-3

Bd. 4: Kometengefahr
ISBN 978-3-7886-4004-0

Bd. 5: Gefährliche Reise zum Mars
ISBN 978-3-7886-4005-7

Bd. 6: Abenteuer auf dem Mars
ISBN 978-3-7886-4006-4

Bd. 7: Außer Kontrolle!
ISBN 978-3-7886-4007-1

Bd. 8: Verloren im Regenwald
ISBN 978-3-7886-4008-8

Bd. 9: Im Bann des Jupiters
ISBN 978-3-7886-4009-5

Bd. 10: Im Sog des Schwarzen Lochs
ISBN 978-3-7886-4010-1

Bd. 11: Wer rettet Ming und Hu?
ISBN 978-3-7886-4011-8

Bd.12: Plutinchen in Gefahr
ISBN 978-3-7886-4012-5

Bd. 13: Die Wüste lebt
ISBN 978-3-7886-4013-2

Bd. 14: Abenteuer im brennenden Eis
ISBN 978-3-7886-4014-9

Bd. 15: SOS im Venusnebel
ISBN 978-3-7886-4215-0

Bd. 16: Fehler im System
ISBN 978-3-7886-4216-7

Bd. 17: Rettungsmission zum Pluto
ISBN 978-3-7886-4217-4

Bd. 18: Geheimnis in der Tiefe
ISBN 978-3-7886-4218-1

Das Buch zum Film

Aufbruch ins Ungewisse
ISBN 978-3-7886-4426-0

Hörspiele:

Völlig losgelöst
ISBN 978-3-7886-4101-6

Rückkehr zur Erde
ISBN 978-3-7886-4102-3

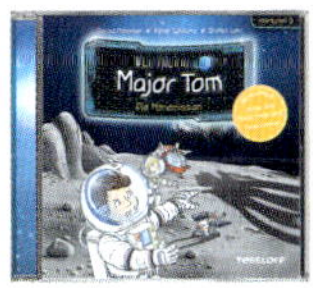

Die Mondmission
ISBN 978-3-7886-4103-0

Kometengefahr
ISBN 978-3-7886-4104-7

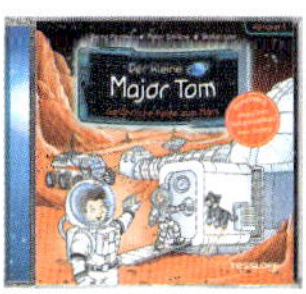

Gefährliche Reise zum Mars
ISBN 978-3-7886-4105-4

Abenteuer auf dem Mars
ISBN 978-3-7886-4106-1

Außer Kontrolle!
ISBN 978-3-7886-4107-8

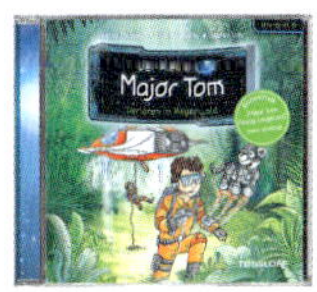

Verloren im Regenwald
ISBN 978-3-7886-4108-5

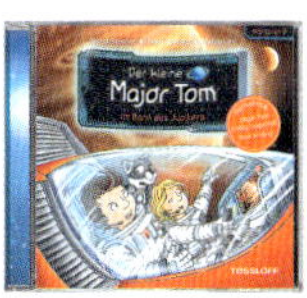

Im Bann des Jupiters
ISBN 978-3-7886-4221-1

Im Sog des Schwarzen Lochs
ISBN 978-3-7886-4222-8

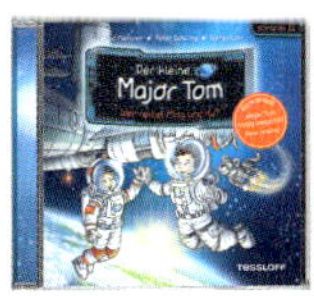

Wer rettet Ming und Hu?
ISBN 978-3-7886-4225-9

Plutinchen in Gefahr
ISBN 978-3-7886-4226-6

Die Wüste lebt
ISBN 978-3-7886-7432-8

Abenteuer im brennenden Eis
ISBN 978-3-7886-7433-5

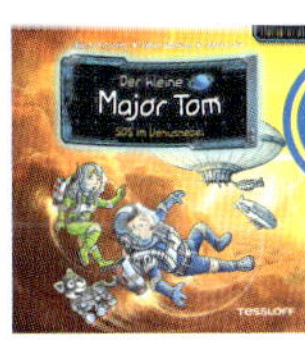

SOS im Venusnebel
ISBN 978-3-7886-7434-2

Download & Streaming
auf allen gängigen Portalen